rahmen durch eine Umwicklung zusammengehalten oder fachmännisch gelötet oder geschweißt ist – ob ein Holzrahmen sauber auf Gehrung gearbeitet ist oder einfach stumpf aneinandergeleimt und genagelt wird. Wenn die Kettfäden nach den Angaben im nächsten Abschnitt gespannt werden, ist die mechanische Beanspruchung der Rahmen nicht besonders groß.

Vorsicht geboten ist nur bei skurrilen Formen oder bei extrem profilierten Leisten: der Rahmen soll nur zur Wirkung der Arbeit beitragen, das Wesentliche jedoch ist die Webarbeit.

Ganz problemlos sind natürlich die im Handel erhältlichen Holz- oder Metallringe.

Zum Weben eignen sich alle Arten von Baumwollgarn, Makrameegarne aus Viskose, Acryl und Jute, Wolle (diese gesponnen und ungesponnen), Stoff- und Lederstreifen.

Bei ungesponnener Wolle ist mit Batikfarbe jede Farbnuancierung zu erzielen. Die meisten Batikfarben sind untereinander mischbar. Wie intensiv die Färbung ausfällt, richtet sich nach Verdünnung und Färbezeit. Für Wolle sollte die Badtemperatur 30 °C nicht übersteigen, sonst verfilzt die Schafwolle. Die Farbechtheit läßt sich durch sorgfältiges Fixieren in dem in der Gebrauchsanweisung der jeweiligen Batikfarbe angegebenen Fixierbad wesentlich erhöhen.

Für das Ausschmücken bieten sich Holz- und Keramikperlen und -kugeln, Glocken und Naturmaterialien an.

Als „Werkzeug“ sind nur lange Web- und Filetnadeln zum Durchziehen der Schußfäden nötig. Außerdem ein kleiner Hammer, Häkel- und Nähnadeln u. ä.

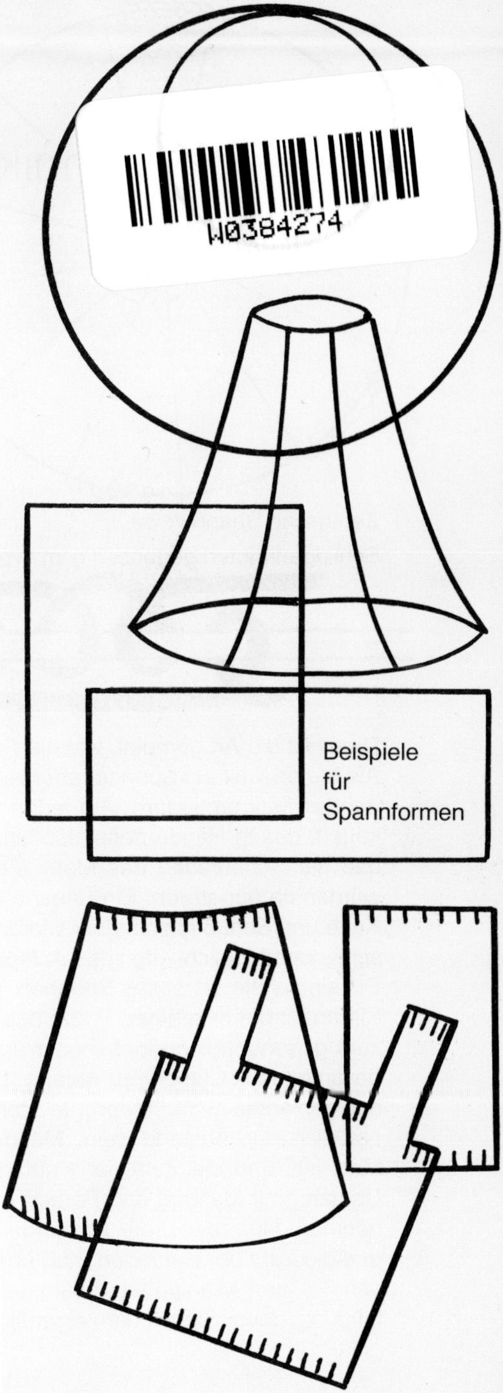

Beispiele für Spannformen

Spanntechnik

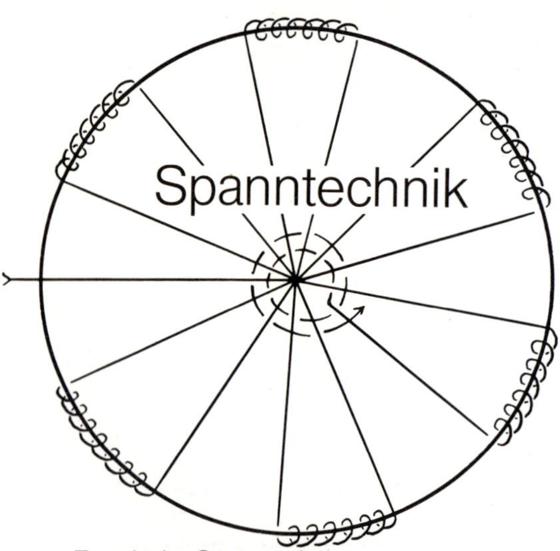

Zentrische Spannweise
Schlingenknoten gegenseitig im Wechsel

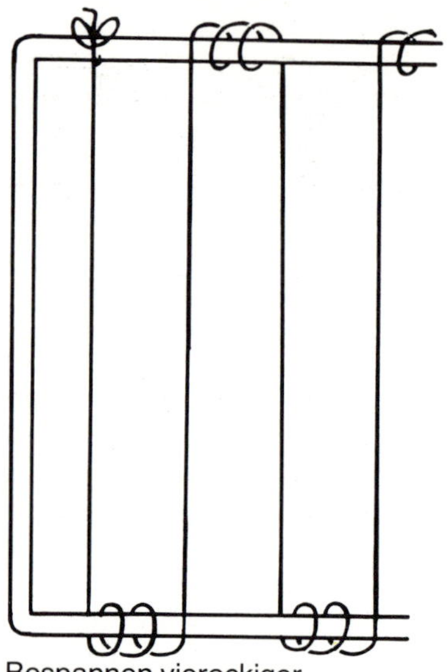

Bespannen viereckiger Formen

Damit ist die Art gemeint, wie die Formen mit den Kettfäden bespannt werden. Als Material ist ein dünnes, aber reißfestes Baumwollgarn zu empfehlen, auch dünnes Makrameegarn. Auf jeden Fall geeignet ist das Spezialgarn für Webketten, das in Handarbeitsgeschäften erhältlich ist. Wichtig ist der Grundsatz, daß der Schußfaden das Motiv einer Webarbeit bilden soll. Dicke Kettfäden würden da nur stören. Eine Ausnahme ist das Weben von Karos; dabei sollen Kette und Schuß gleich stark wirken. Für die runden Spannformen gibt es verschiedene Möglichkeiten des Aufspannens der Kette.

Die einfachste Art ist das Spannen mit einem zentrischen Mittelpunkt. Beginnen Sie an einem beliebigen Punkt des Rahmens und spannen Sie den Kettfaden zum gegenüberliegenden Punkt und wieder zurück zu einem Punkt in einem bestimmten Abstand vom Anfang. Dieser Abstand richtet sich nach der Stärke der geplanten Schußfäden. Je stärker dieses Material ist, umso größer muß natürlich der Abstand sein. Mit detaillierten Angaben über die Stärke des Materials und die Zahl der Kettfäden würde ich Sie nur am schöpferischen Umgang mit Material und Farben hindern und Ihnen die Freude an der Arbeit nehmen. Nur soviel: die Abstände der Kettfäden sollten ungefähr gleich sein und die Zahl der Kettfäden muß ungerade sein. Mit dem letzten Kettfaden fassen Sie den Mittelpunkt zusammen und weben ein paar Runden in Leinenbindung, bevor Sie mit dem eigentlichen Schuß weiterarbeiten.

Umwickeln der Spannformen (Sie können links oder rechts herum wickeln – wie Sie es gewohnt sind)

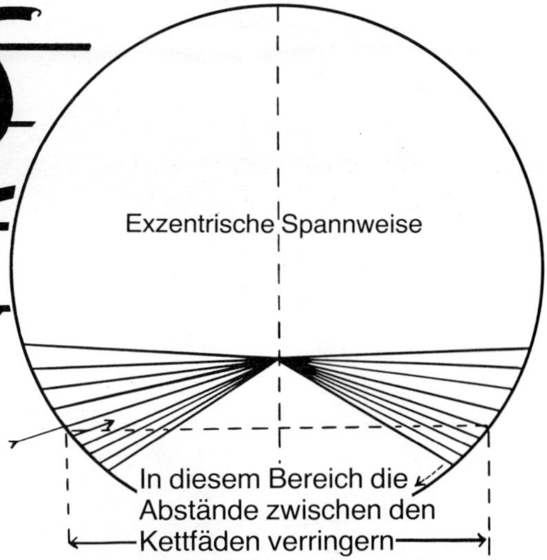

Schlingenknoten gegenseitig

Soll der Kreuzungspunkt der Kettfäden außerhalb der Kreismitte liegen, wollen Sie also exzentrisch spannen, verringern Sie den Abstand der Fäden zwischen den beiden Pfeilen auf der Skizze oder spannen die Kettfäden in diesem Teil doppelt.
Auch mit parallel verlaufenden Kettfäden läßt sich eine Form bespannen. Was bei rechteckigen Formen oder bei Holzringen mit eingeschlagenen Nägeln recht einfach ist, kann beim Metallring schwierig werden, weil die Fäden leicht abrutschen. Sie helfen sich dadurch, daß Sie den Ring entweder mit Schlingenknoten umknüpfen und die Fäden durch die Schlingen ziehen oder aber Sie umwickeln den Ring nach dem Bespannen mit dicht nebeneinanderliegenden Windungen und fixieren so die Abstände.
Wollen Sie einen Ring senkrecht und waagrecht bespannen, soll also ein Gitter entstehen, gilt es noch eine Besonderheit zu beachten. Werden die Nägel im gleichen Abstand eingeschlagen, entstehen beim Spannen ungleichmäßige Rechtecke. Wollen Sie aber gleiche Karos, müssen Sie eine originalgroße Zeichnung des Netzes anfertigen und die Nägel an den jeweiligen Kreuzungspunkten der senkrechten und der waagrechten Linien auf dem Ring einschlagen. Die Abstände der Nägel sind ungleichmäßig – die Karos werden gleich.
Die gebräuchlichsten Webarten sind auf den Innenseiten des Umschlages gezeigt.

Wandschmuck
„Annette“

Material: 3 Metallringe (50 cm ∅, 35 cm ∅, 20 cm ∅);
ungesponnene Wolle, natur;
Acrylgarn, 3 mm ∅, dunkelrot, gold, cognac, braun, hellgrün, dunkelgrün;
Kettfäden: weiße Baumwolle;
17 rote Großlochperlen, 1,5 cm ∅.

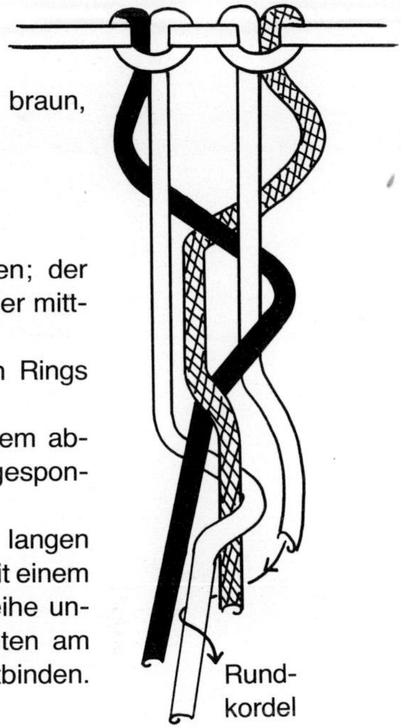

Alle Ringe mit Schlingenknoten im Wechsel umknüpfen; der große Ring erhält dabei doppelt so viele Schlingen wie der mittlere. Die Ringe unten zusammenbinden.
Die Kettfäden durch jede zweite Schlinge des äußeren Rings ziehen, am mittleren Ring durch jede.
Von innen nach außen in Leinenbindung weben. Bei dem abgebildeten Wandschmuck sind nach einer Reihe mit ungesponnener Wolle 4 Reihen mit farbigem Acrylgarn gewoben.
Durch 17 Schlingen des kleinen Innenrings je einen 2 m langen Faden zur Hälfte durchziehen, eine Perle auffädeln und mit einem Knoten festhalten. Über und unter der Perle je eine Reihe ungesponnene Wolle weben. Die Kettfäden spannen, unten am Ring zusammenfassen und mit einem roten Faden festbinden. Für die Quaste aus je 4 Fäden eine Rundkordel flechten.

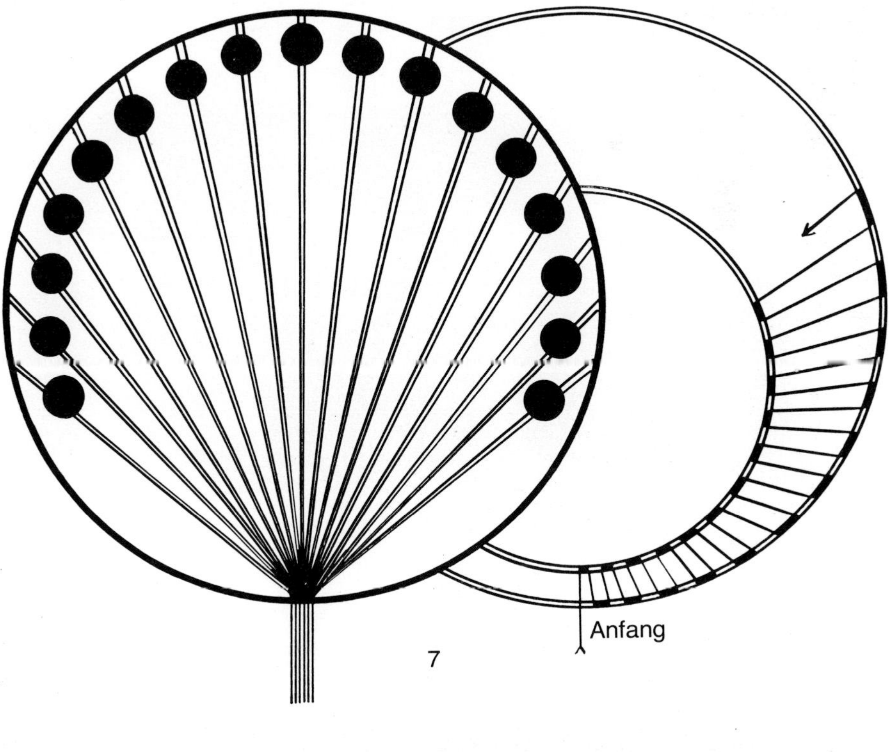

Zeitungsständer

Material: Zeitungsständergestell aus Metall;
Kettfäden: weiße Baumwolle;
verschiedenfarbiges Garn für das Muster; Futterstoff.

Die Kettfäden für die Seitenteile waagrecht spannen. Eine Zeichnung des Musters in Originalgröße unterlegen und zuerst die Blumen, dann die Blätter weben. Den Hintergrund mit einem dunkelgrünen Garn ausweben.
Den Boden waagrecht mit dunkelgrünem Garn bespannen und mit dem selben Garn in Leinenbindung ausweben. Dabei auf beiden Seiten alle 5 cm die Randstangen mitfassen. Innenseiten ausfüttern.

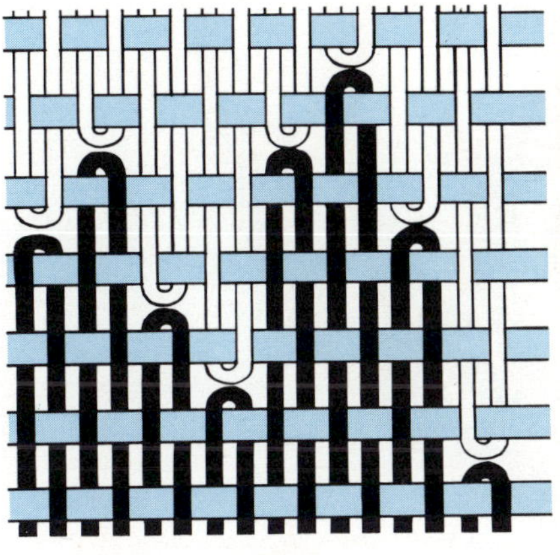

Wandschmuck
„Fiona“

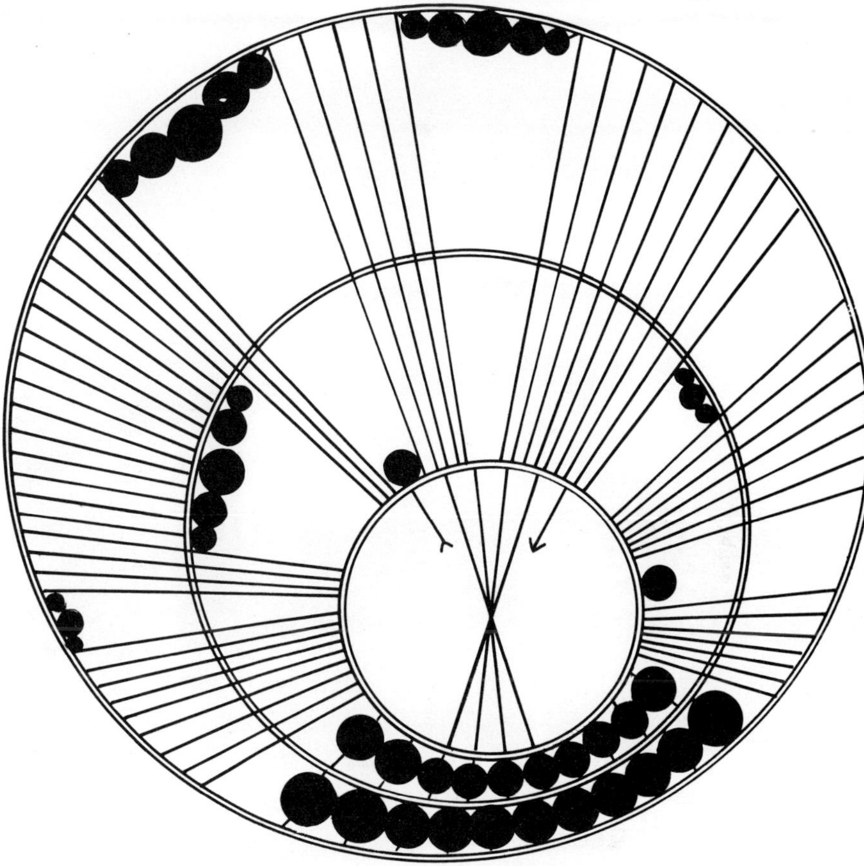

Material: 3 Metallringe (50 cm ∅, 35 cm ∅, 20 cm ∅);
bunte Wolle in verschiedenen Stärken und Farben;
Großlochperlen, 1 bis 3 cm ∅;
Kettfäden: weißes Acrylgarn.

Alle Ringe mit einseitigen Schlingenknoten umknüpfen. Den kleinen Ring zentrisch bespannen und von innen nach außen bunt ausweben. Nach der Skizze die übrigen Kettfäden spannen, dabei die beiden unteren Perlenreihen gleich mit auffädeln.
Einzelne Felder ausweben, dabei die Farben und Stärken der Wolle harmonisch aufeinander abstimmen. Die Perlen in die Zwischenräume einarbeiten.
Die in der Skizze angegebene Einteilung der Felder ist nur eine Möglichkeit. Je nach der Anzahl der gewünschten Farben, den Stärken der Wolle und nicht zuletzt dem eigenen Geschmack sind noch viele Varianten denkbar.

Hängelampe

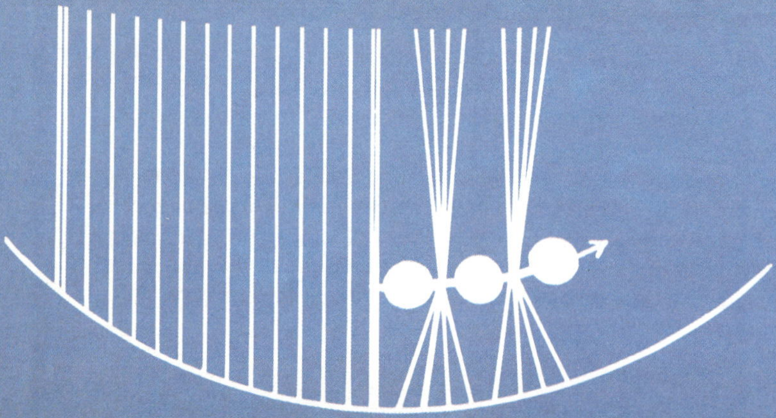

Material für die Hängelampe:
Lampengestell 35 cm ∅, 22 cm hoch;
Acrylgarn und Wolle in verschiedenen Stärken und Farben;
40 Holzkugeln, 2,5 cm ∅;
Kettfäden: weißes Acrylgarn.

Kettfäden spannen: die Anzahl pro Feld sollte durch die Anzahl der Zwischenräume zwischen den Holzkugeln teilbar sein. Den oberen und den unteren Rand umwickeln.
In Leinen-, Zwirn- und Sumakbindung Borten weben. Die Holzkugeln mit 2 Fäden einweben; dabei immer die gleiche Zahl Kettfäden fassen.
Das wellenförmige Band entsteht aus dicker Wolle, die in Zwirnbindung sehr locker eingewoben ist.
Die Fäden innen unsichtbar vernähen oder ankleben.

Material für die kleine Tischlampe:
Lampengestell mit Krönchen,
15 cm ∅, 20 cm hoch, 10 Felder;
weiße und rote Baumwolle, 2,5 bis 3 mm ∅;
20 Naturholzperlen, 2 cm ∅.

Den oberen und den unteren Rand mit roter Baumwolle umschlingen.
Das Lampengestell außen mit der weißen Baumwolle waagrecht gleichmäßig umwickeln.
Ab dem Krönchen in der Mitte eines jeden Feldes immer 4 Kettfäden miteinander verschlingen und den roten Faden durchziehen. Diesen am unteren Rand einknüpfen, eine Perle aufziehen und mit einem Knoten befestigen. Dazwischen an jeder Stange einen kurzen Faden einhängen und eine Perle aufziehen.

Kleine Tischlampe

Spannform als Fensterschmuck

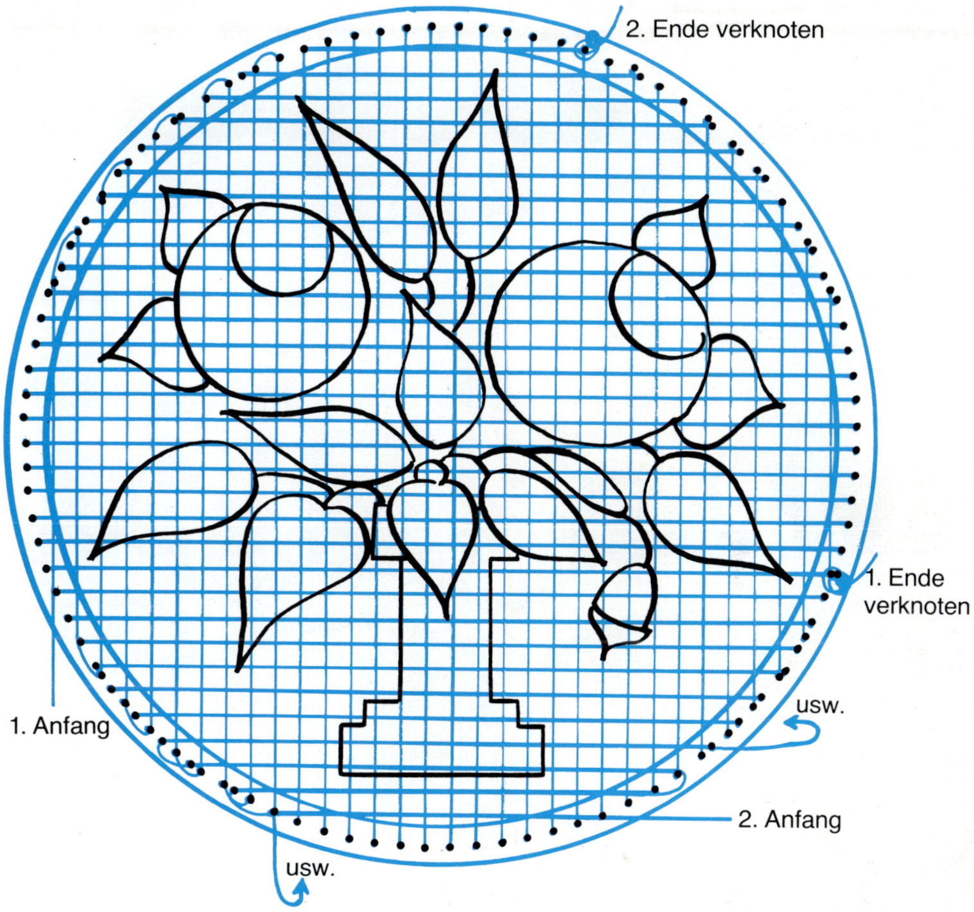

Material: Holzreifen, 60 cm ∅;
kleine Nägel;
ungesponnene Wolle, rot, rosa, hellgrün, dunkelgrün gefärbt;
Acrylgarn, 3 mm ∅, dunkelgrün und cognac;
Kettfäden: weißes Acrylgarn.

Einen Blumenstrauß in Originalgröße zeichnen, etwa in der Art wie die Skizze. Die senkrechten und die waagrechten Kettfäden mit einzeichnen und danach die Nägel in den Holzring einschlagen.
Den Ring bespannen. Nach der untergelegten Zeichnung zuerst die Umrisse in Zwirnbindung weben, dann mit der ungesponnenen Wolle ausfüllen.
Die Vase locker in Leinenbindung weben.

Tischlampe

Material:
Lampengestell, 28 cm hoch, 30 cm ∅, 8 Felder;
Wolle und Acrylgarn in verschiedenen Stärken und Farben;
24 rote Keramikperlen, 2 cm lang;
Kettfäden: hellbeiges Acrylgarn, 3 mm ∅;
3 Ringe (10 cm ∅, 20 cm ∅, 25 cm ∅) als Hilfsringe zum Spannen.

Je nach der Form des Lampengestells mit Tesaband o. ä. Hilfsringe einheften, die ein harmonisches Spannen der Kette ermöglichen.
In jedes Feld oben 6 Acrylfäden à 70 cm zur Hälfte einhängen. Über je 4 Fäden eine Keramikperle aufziehen, also 3 pro Feld. Die Kettfäden am unteren Rand des Gestells befestigen. Von oben nach unten über doppelte Kettfäden in Leinenbindung weben. Die Farben können nach dem eigenen Geschmack gewählt werden – zu bedenken ist auch der spätere Standort und der Verwendungszweck der Lampe. Den Webteil mit einer Reihe in Zwirnbindung abschließen.
Den sichtbaren Teil der Stäbe des Lampengestells umwickeln. In jedem Feld die mittlere Perle hochziehen und nach der Skizze einweben. Darunter eine Borte weben, die mit Zwirnbindung gefaßt ist.
Eine weitere Schmuckmöglichkeit ist das Lösen der 4 mittleren Kettfäden, überkreuzen und am Rand wieder befestigen.
Mit einseitigen Schlingenknoten alle Kettfäden fassen; dazu einen neuen Faden nehmen. Die Hilfsringe entfernen.

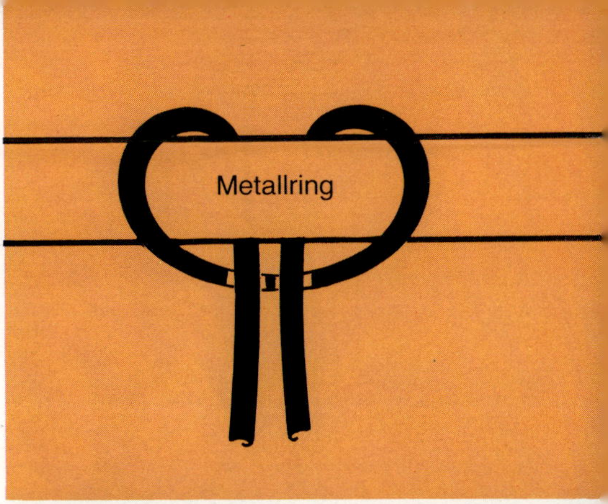

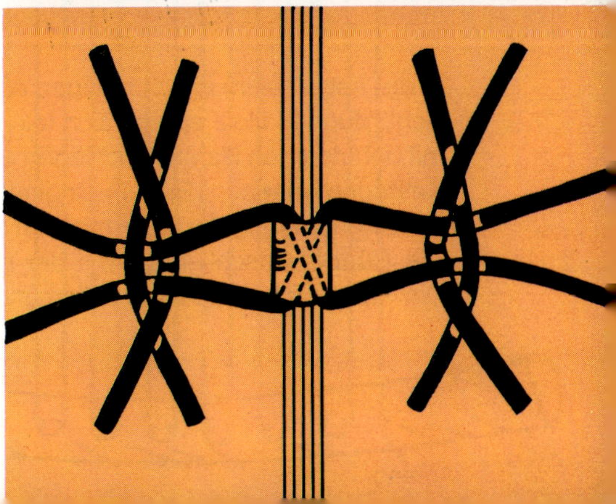

Eule

(Größe der Figur 30 x 18 cm)

Material: Astgabel, mit oder ohne Rinde; Nägel;
Acrylgarn, 5 mm ∅, cognac; dicke, gemusterte Wolle;
Kettfäden: Acrylgarn, dunkelgrün, 3 mm ∅;
2 Glasaugen o. ä., 1 hellbraune Keramikolive, 3 cm lang; grüner Filzrest.

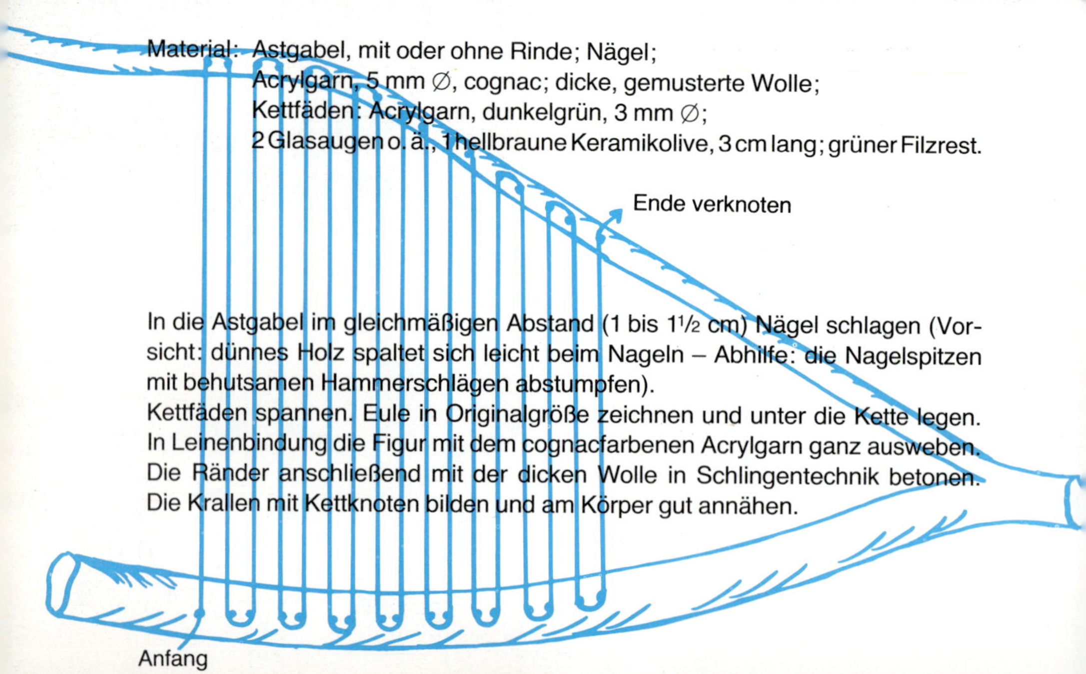

In die Astgabel im gleichmäßigen Abstand (1 bis 1½ cm) Nägel schlagen (Vorsicht: dünnes Holz spaltet sich leicht beim Nageln – Abhilfe: die Nagelspitzen mit behutsamen Hammerschlägen abstumpfen).
Kettfäden spannen. Eule in Originalgröße zeichnen und unter die Kette legen.
In Leinenbindung die Figur mit dem cognacfarbenen Acrylgarn ganz ausweben.
Die Ränder anschließend mit der dicken Wolle in Schlingentechnik betonen.
Die Krallen mit Kettknoten bilden und am Körper gut annähen.

Kissenplatte

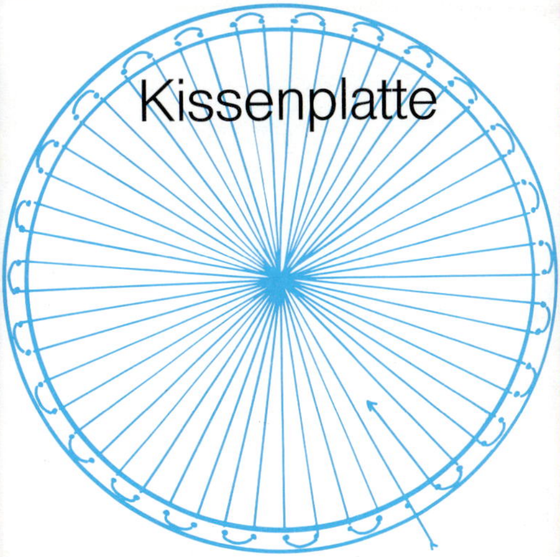

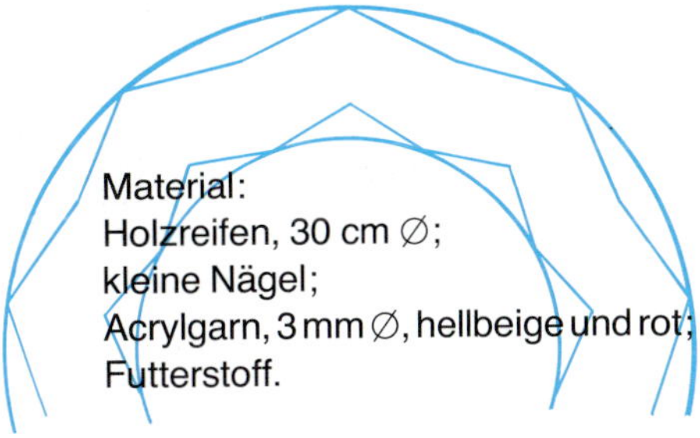

Material:
Holzreifen, 30 cm ∅;
kleine Nägel;
Acrylgarn, 3 mm ∅, hellbeige und rot;
Futterstoff.

In einen Holzreifen im Abstand von 1 cm kleine Nägel einschlagen. Kette aus beigem Acrylgarn nicht zu fest spannen. Mittelstück bis zum zweiten roten Streifen in Leinenbindung weben. Den Streifen in Zwirnbindung ausführen, dann die Borte in Leinenbindung weiterarbeiten. Die weiße Musterung nach der Skizze einarbeiten, der weiße Faden läuft hinten mit. Das Musterband mit einer roten Zwirnreihe abschließen. Bis zu den Nägeln in Leinenbindung weiterarbeiten. Das Gewebe vorsichtig vom Ring lösen und die Kissenplatte abfüttern.

Wandschmuck „Anja“

Material: 1 Metallring, 50 cm ∅;
ungefärbte und grüne Wolle und Acrylgarn in verschiedenen Stärken;
ungesponnene grüne Wolle;
78 grüne Perlen, 1,5 cm ∅;
Kettfäden: Acrylgarn oder Baumwolle, 3 mm ∅, helle Farbe.

Den Metallring exzentrisch bespannen, die Räume zwischen den Kettfäden dicht mit grünem Garn umwickeln. Mit dem Garn der Kettfäden den Kern in Leinenbindung weben, dabei immer 3 Kettfäden zusammennehmen. Bei der letzten Runde 22 Perlen auf den Schuß auffädeln und mit einweben. Dann bis zum Abschluß des Kreises um jeden Kettfaden einen Streifen ungesponnener Wolle legen, etwa 5 cm lang. Nach der Skizze das schneckenförmige Band einweben. In der Mitte dieses Bandes wieder Streifen ungesponnener Wolle um die Kettfäden legen. Das Band mit einer Reihe in Zwirnbindung mit grünem Garn befestigen. Mit den letzten Runden die restlichen Perlen einarbeiten. Im Wechsel einzelne Felder dicht ausweben, andere frei lassen. Innen ein Feld über 3 Kettfäden weben, außen dann über jeden Faden weben.

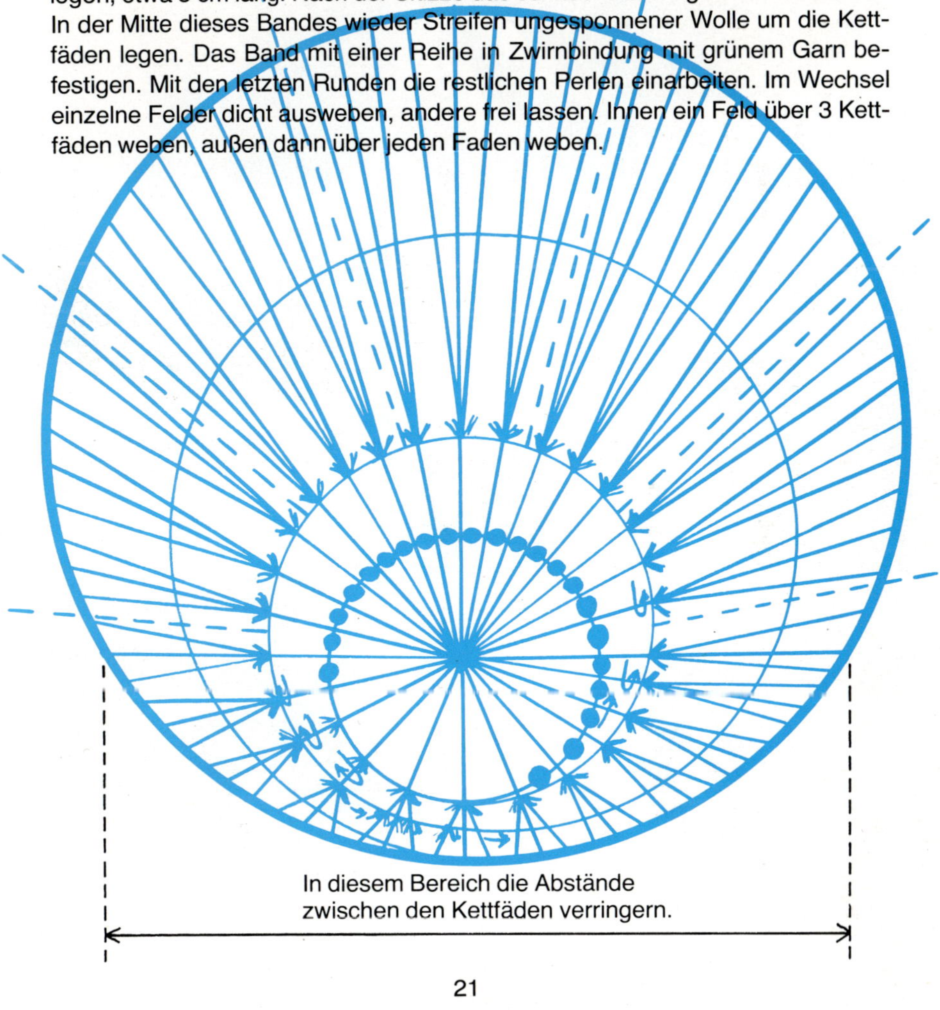

Hänsel und Gretel

Material: 2 Holzringe, 30 cm ∅; kleine Nägel;
ungesponnene und gesponnene Wolle in verschiedenen Farben und Stärken;
Kettfäden: Acrylgarn, 3 mm ∅.

In die beiden Ringe im Abstand von 1 cm kleine Nägel einschlagen. Nach der Zeichnung die Kettfäden spannen, zuerst die blau gedruckte Partie, dann die schwarze. Mit dem letzten Kettfaden einige Runden weben und dadurch zuerst die Köpfe formen.
Für jedes Bild eine Zeichnung in Originalgröße anfertigen und unter die Spannform legen. Die Figuren ausweben. Die Wiese in Leinenbindung weben und nachträglich einige Streifen ungesponnene Wolle einziehen. Die Wolken und die Blumen ebenfalls aus ungesponnener Wolle einschlingen, die Blumenstiele weben.

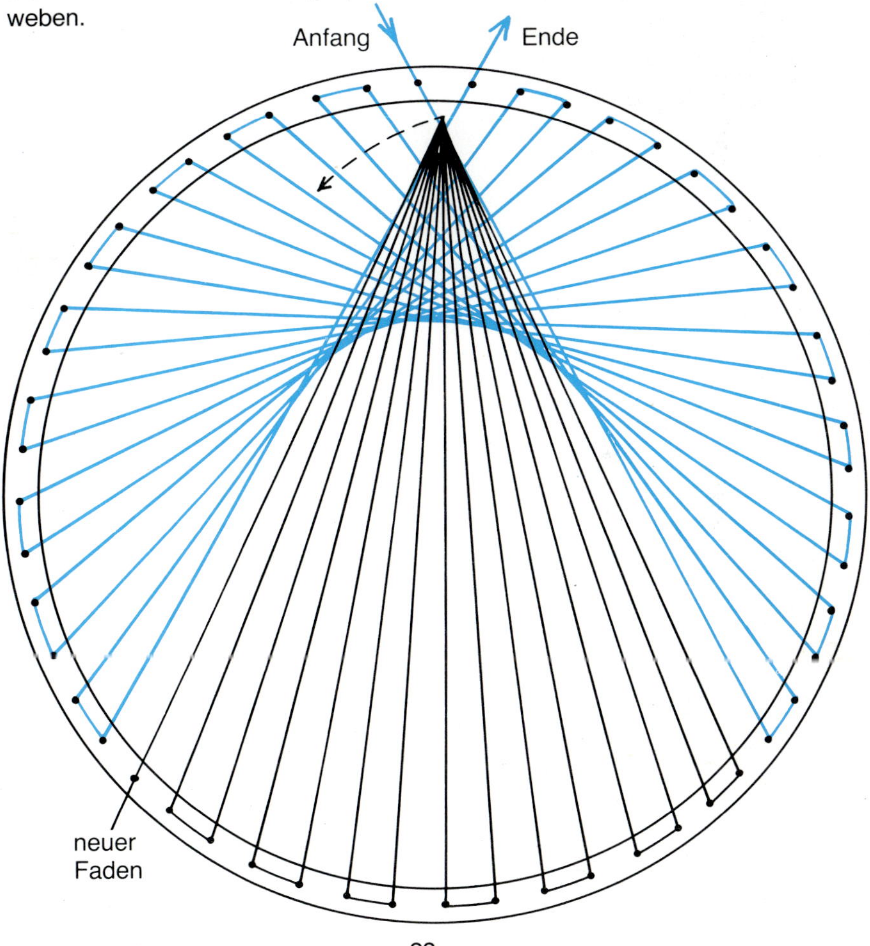

Die Kettfäden bei den Beinen etwas zusammenziehen und so die Form der Hose herausarbeiten.

Die Figuren in der Art des Faltschnitts zeichnen: Pauspapier an der Mittellinie falten, eine Hälfte der Figur zeichnen, die andere durchpausen.

Kasper

Material:
Pappe, 30 x 42 cm;
graue, weiße, rote, blaue, braune Wolle;
Kettfäden: dünne gelbe Baumwolle;
2 dünne Holzleisten.

Die Pappe am oberen und am unteren Rand nach der Skizze einschneiden. Mit gelber Baumwolle bespannen. Eine Zeichnung in der Originalgröße zwischen Pappe und Fäden legen. Zunächst die Figur in Leinenbindung ausweben, dann den Hintergrund ausfüllen. Das fertige Gewebe vorsichtig von der Spannform lösen und oben und unten eine dünne Holzleiste durchziehen. An die Mütze eine kleine Quaste annähen.
Dieser Wandbehang ist eine Arbeit meiner 9jährigen Tochter Annette. Er zeigt, daß sich einfache Spannformen für Kinderarbeiten geradezu anbieten.

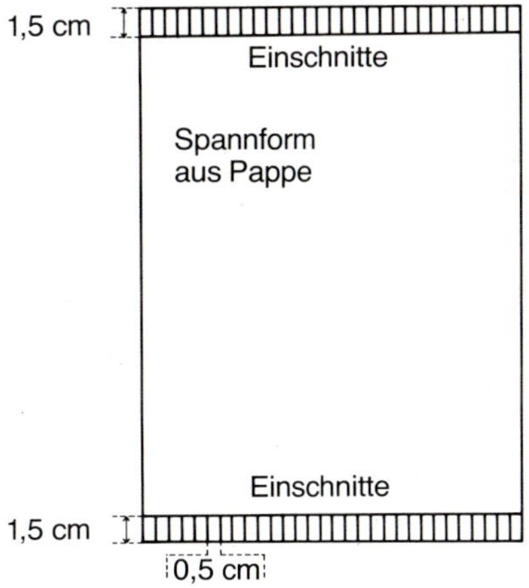

Große Reifenkomposition

Material: 4 Metallringe (60 cm ∅, 50 cm ∅, 35 cm ∅, 28 cm ∅);
117 Großlochperlen, 1,5 cm ∅;
Wolle und Garne in verschiedenen Farben und Stärken;
Kettfäden für den kleinen Ring: weiße Baumwolle.

Den großen Ring mit einseitigen Schlingenknoten umknüpfen und mit braunem Acrylgarn exzentrisch bespannen. Vom Kreuzungspunkt der Kettfäden aus weben, dabei die Farben, die Woll- und die Webarten frei kombinieren. Abgeflachte Partien entstehen durch Wenden mitten in der Runde. Die Perlen mit 2 Fäden zwischen die Kettfäden einschlingen.
Für die andere Kombination aus den 3 Ringen zunächst den kleinsten zentrisch mit 41 Kettfäden bespannen und die Zwischenräume gleichmäßig umwickeln. Von innen her verschiedene Farbbänder weben. Die Perlen mit 2 Fäden zwischen die Kettfäden einschlingen. Die beiden übrigen Ringe grün umwickeln und nach der Skizze mit grünem Acrylgarn bespannen. Auch hier in Leinen-, Sumak-, Zwirn- und Schlingenbindung weben.

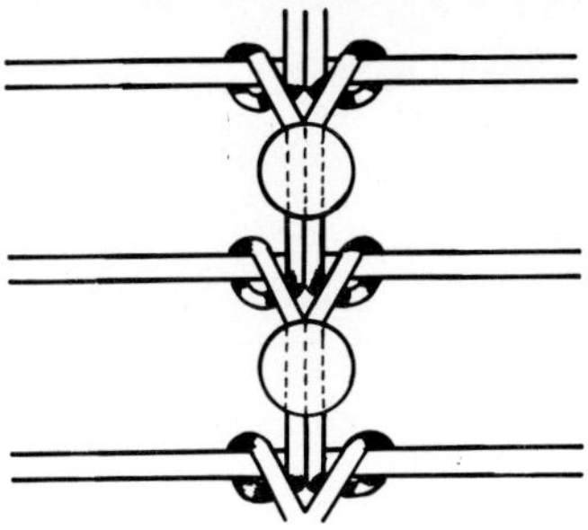

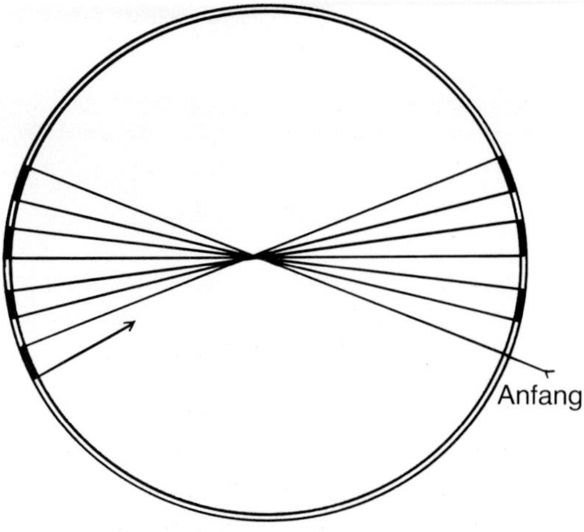

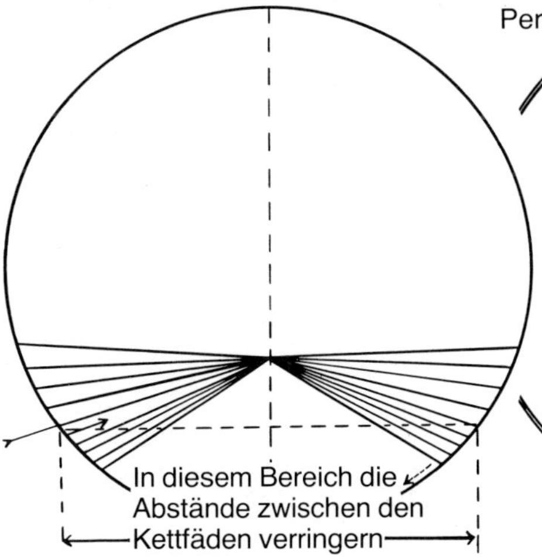

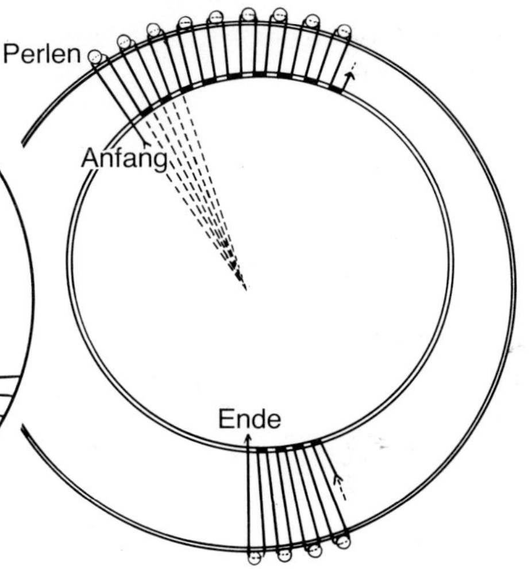

Für die Rundkordel aus 8 bis 10 mm dicker Wolle 8 bis 12 Fäden à 3 m schneiden und zur Hälfte durch das Mittelteil des großen Ringes ziehen. Rundkordel flechten und mit einem Extrafaden im Mittelpunkt des kleinen Ringes befestigen. Die beiden Ringkombinationen miteinander verbinden.

Kaffeewärmer

Material für den Kaffeewärmer:
Lampengestell und Hilfsringe;
Wolle, Acrylgarn und Baumwolle in verschiedenen Stärken, weiß und blau;
blaue Perlen.

In das Lampengestell mit Tesaband o. ä. provisorisch Hilfsringe einfügen (2 oder 3, je nach der Form des Gestells), damit die Kettfäden etwa in der Form der senkrechten Streben gespannt werden können. Am oberen Rand über Extrafaden die Kette einhängen, über die Hilfsringe ziehen und am unteren Rand befestigen. In Leinenbindung von oben nach unten weben. Durch den Wechsel der Farben und Einarbeiten von Perlen und Borten in Zwirnbindung die Fläche beleben. Die Kettfäden vom Lampengestell lösen, verknoten und nach innen vernähen. Das Gewebe über eine Stoffhaube nähen.

Deckchen

Material für das Deckchen:
Holzring, 30 cm ∅; kleine Nägel;
Acrylgarn, 3 mm ∅, weiß und blau.

In den Holzring im Abstand von 1 cm kleine Nägel schlagen und die Kettfäden zentrisch nicht zu fest spannen. Von innen nach außen in Leinenbindung weben. Die Muster für die einzelnen Borten so wählen, daß das Deckchen zum Kaffeewärmer paßt. Anregungen für die möglichen Webarten (Fischgrätbindung, Würfelmuster) sind auf den inneren Umschlagseiten abgebildet. Am äußeren Rand mit 2 Reihen in Leinenbindung schließen. Die Arbeit vorsichtig vom Rahmen nehmen.
Verzogenes Gewebe läßt sich durch Dämpfen korrigieren.

Untersetzer

Material:
6 bis 8 Metallringe, 10 cm ∅, für die kleinen Untersetzer,
1 Metallring, 30 cm ∅, für den großen;
bunte Wollreste in verschiedenen Farben und Stärken;
Kettfäden: dünne weiße Baumwolle.

Vielleicht erinnert Sie das Foto an die bunten Untersetzer, die in der Schule über runde Lochrahmen gearbeitet wurden.
Diese Modelle hier sind nach dem gleichen Prinzip gefertigt, nur daß ein Metallring verwendet wird, der in der fertigen Arbeit bleibt. Die Untersetzer behalten so besser ihre Form.

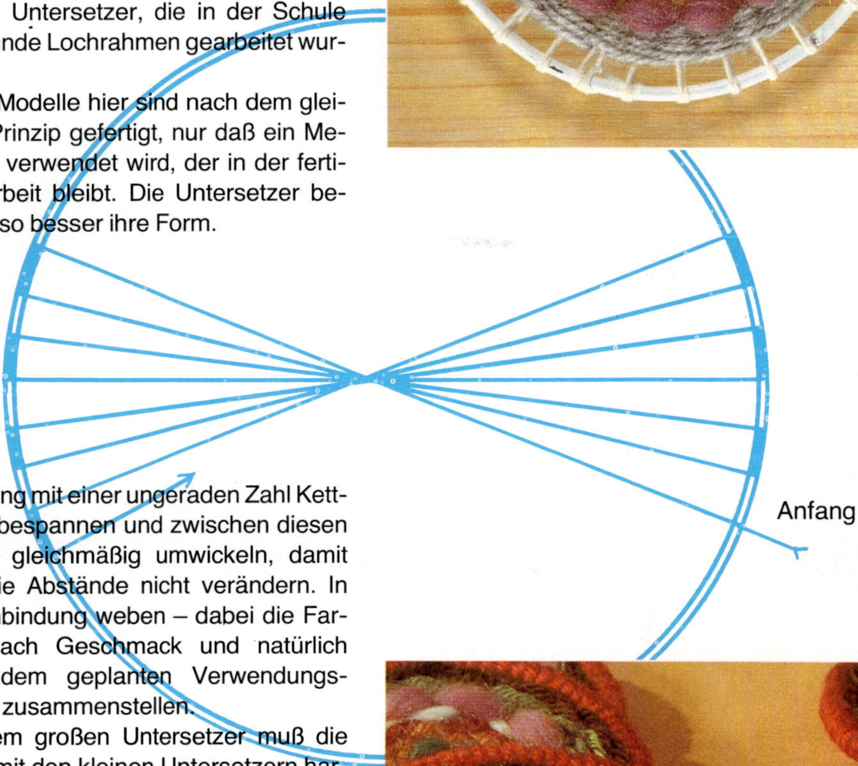

Den Ring mit einer ungeraden Zahl Kettfäden bespannen und zwischen diesen Fäden gleichmäßig umwickeln, damit sich die Abstände nicht verändern. In Leinenbindung weben – dabei die Farben nach Geschmack und natürlich nach dem geplanten Verwendungszweck zusammenstellen.
Bei dem großen Untersetzer muß die Borte mit den kleinen Untersetzern harmonieren. Deshalb nach dem Spannen und Umwickeln von außen nach innen zuerst die Borte weben. Erst dann das verbleibende Mittelteil ausfüllen. Die ersten Runden davon mit dem Material der Kettfäden weben; wenn diese dann weiter auseinander stehen, auf die dikkere Wolle übergehen.

Wandschmuck „Daniela“

Den Metallring mit einseitigen Schlingenknoten umknüpfen. Den Hauptteil mit einer ungeraden Zahl von Kettfäden bespannen und von innen nach außen weben – das Foto soll eine Anregung dazu sein.

Wie die Perlen eingearbeitet werden, ist aus den Skizzen zu ersehen. Die hellgrünen Streifen sind ungesponnene Wolle, in Sumakbindung eingewoben. Den Schweif erst nach Fertigstellung des Hauptteils spannen, von der Spitze zum Ring hin weben.

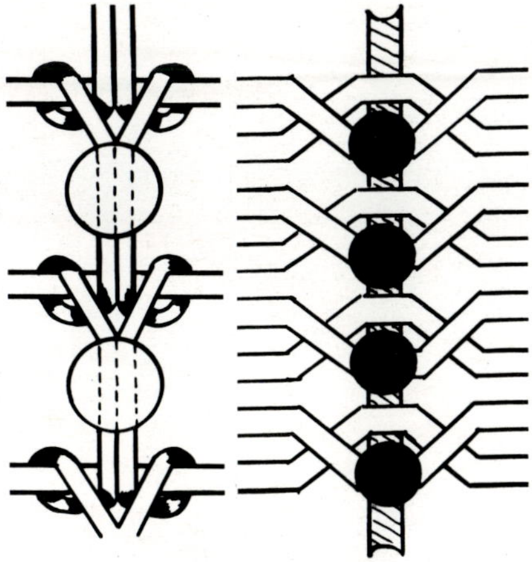

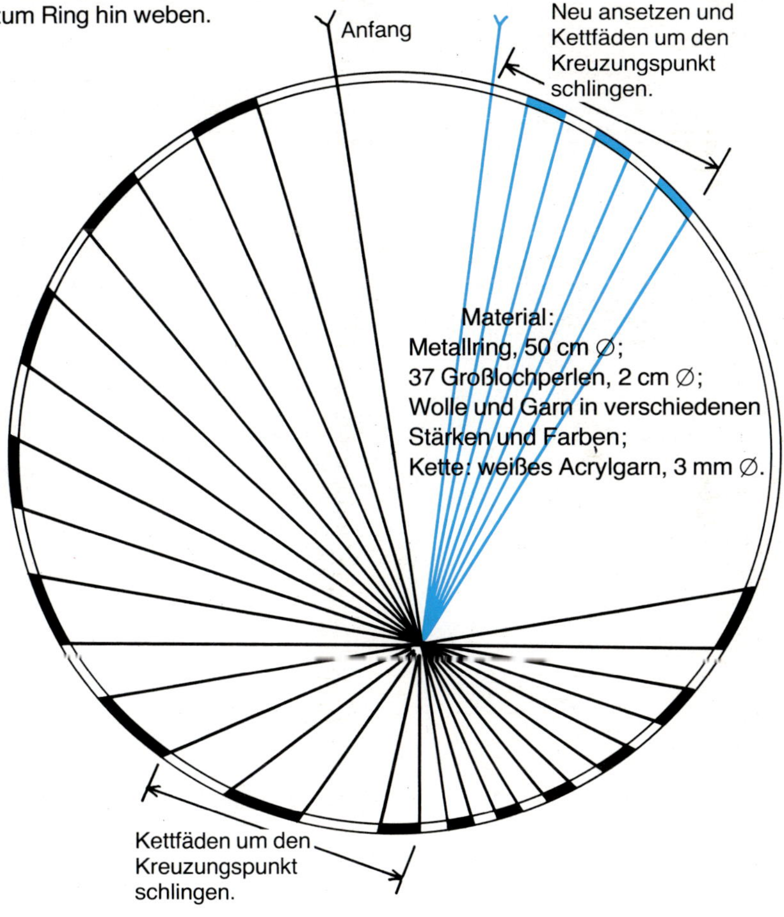

Material:
Metallring, 50 cm ∅;
37 Großlochperlen, 2 cm ∅;
Wolle und Garn in verschiedenen Stärken und Farben;
Kette: weißes Acrylgarn, 3 mm ∅.

Großes Gehänge

Material: Je 1 Metallring 70 cm ∅, 50 cm ∅, 10 cm ∅;
2 Metallringe 40 cm ∅;
38 Großlochperlen, 2 cm ∅;
Acrylgarn, geflochten, 5 bis 6 mm ∅,
weiß und rot;
ungesponnene grüne Wolle;
Acrylgarn, geflochten, 3 mm ∅, hellgrün.

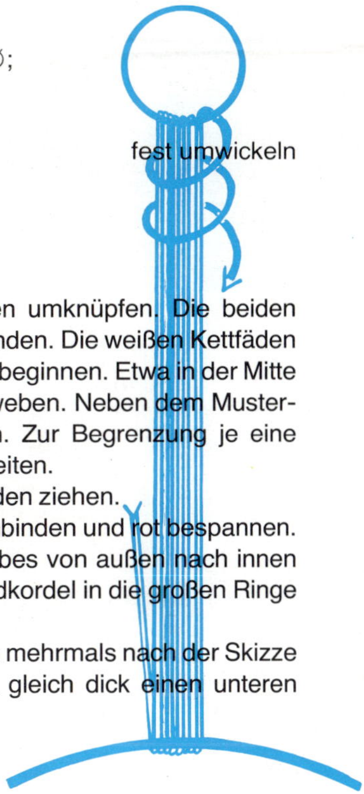

Alle Metallringe mit doppelseitigen Schlingenknoten umknüpfen. Die beiden großen Ringe leicht oval biegen, unten zusammenbinden. Die weißen Kettfäden spannen und mit dem Musterband in Leinenbindung beginnen. Etwa in der Mitte des Bandes die 38 Perlen mit dem Schußfaden einweben. Neben dem Musterband die ungesponnene grüne Wolle einschlingen. Zur Begrenzung je eine Reihe in Zwirnbindung mit dem hellgrünen Garn arbeiten.
Einen roten Faden durch die verschlungenen Kettfäden ziehen.
Die beiden Ringe mit 40 cm ∅ überkreuz zusammenbinden und rot bespannen. Mit weißem Acrylgarn die einzelnen Felder des Korbes von außen nach innen in Fischgrätbindung weben. Den Korb mit einer Rundkordel in die großen Ringe einhängen.
Zum Aufhängen des ganzen Gehänges einen Faden mehrmals nach der Skizze durch die Ringe ziehen und fest umwickeln. Etwa gleich dick einen unteren Abschluß fertigen und zur Quaste ausfransen.

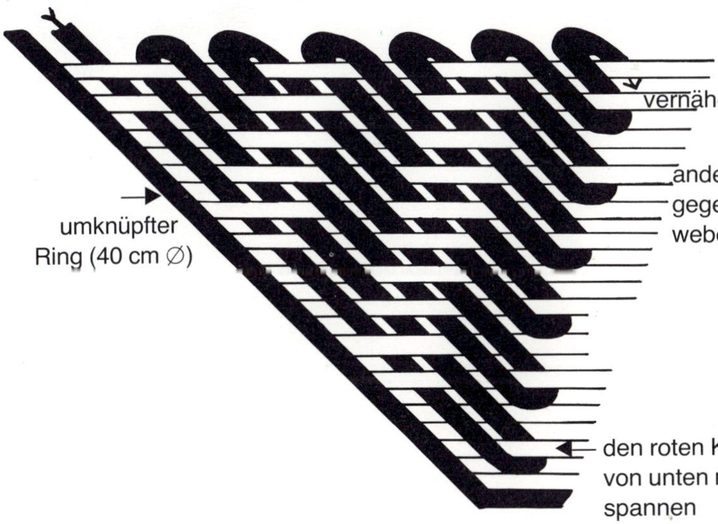

Ensemble „Rock und Weste“

Für die einzelnen Rockbahnen nach einem Schnitt die Spannformen schneiden. Ringsum im Abstand von ca. 1 cm Einschnitte machen (je dünner die Wolle, desto kleiner die Abstände der Einschnitte – gegebenenfalls ein kleines Musterstück ausprobieren). Mit weißer Wolle die Kettfäden senkrecht locker spannen. Rechts und links außen einen Draht einfügen (wird nach Fertigstellung wieder herausgezogen), der verhindert, daß das Gewebe zusammengezogen und damit die Grundform verzogen wird. Am unteren Saum beginnen und in Leinenbindung hochweben. Musterbänder einarbeiten; darauf achten, daß diese bei den Bahnen auf die gleiche Höhe kommen.

Ebenfalls nach einem Schnitt die Spannform für die Weste schneiden. Beim Bespannen die äußeren Kettfäden doppelt legen. Auch bei der Weste darauf achten, daß die Muster zusammenpassen; die Vorderteile gegengleich arbeiten. Nach dem Zusammennähen der Teile ein Bündchen anstricken.

Das Modell nicht zu knapp arbeiten, da es sich beim Weben eher zusammenzieht.

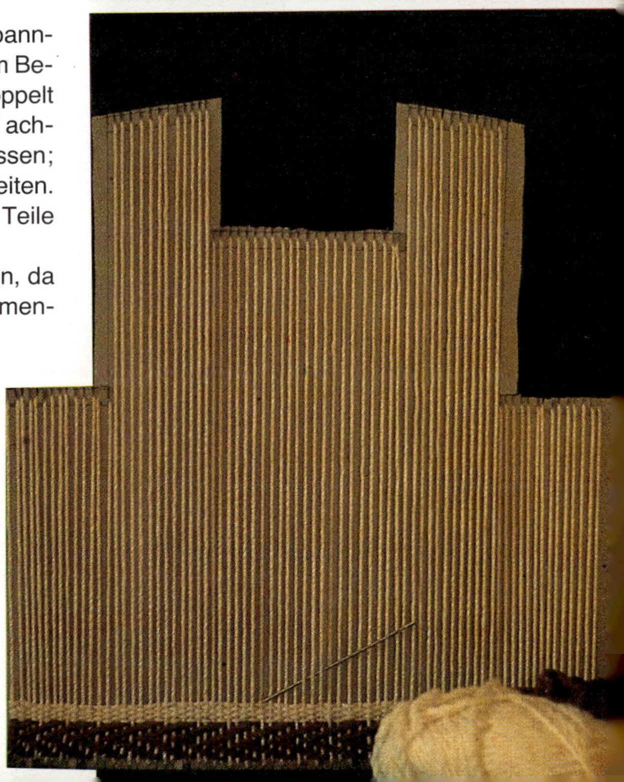

Material:

Weiße, dicke Wolle,
ca. 600 g;
farbige Wollreste;
kräftige Pappe für
die Spannformen;
Kettfäden: weiße Wolle.

Offene Kombination

Material: 1,5 m Peddigrohr, 5 mm ∅; 1 Metallring 15 cm ∅;
Kettfäden: hellbraunes Acrylgarn, 3 mm ∅ (das gleiche Garn zum Umwickeln, für die Quaste und den Zopf);
Wolle und Garne in verschiedenen Farben und Stärken;
10 Holzkugeln, 5 cm ∅, geflammt; 1 Keramik- oder Messingglocke;
kräftigen Draht;
eine Arbeitsplatte aus Holz oder dicker Pappe.

Das Peddigrohr mit Drahtschlingen oder Nadeln in der gewünschten Form auf der Arbeitsplatte befestigen, ebenso den Metallring. Locker mit den hellbraunen Kettfäden bespannen.
In Leinenbindung, belebt durch Reihen in Sumak- und Zwirnbindung, zwei Musterstreifen weben, in der Farbwirkung etwa gleich.
Den kleinen Ring mit dem hellbraunen Acrylgarn umwickeln. Für die Quaste 32 Fäden à 1,20 m schneiden und in den Ring einhängen. Unter dem Ring zusammenfassen, dann 8 Rundkordeln flechten. Die Holzkugeln aufziehen und mit Knoten festhalten. Aus 9 Fäden einen Zopf flechten und auf das Peddigrohr nähen. Die Enden von Rohr und Zopf in Holzkugeln leimen. Die Glocke einhängen.

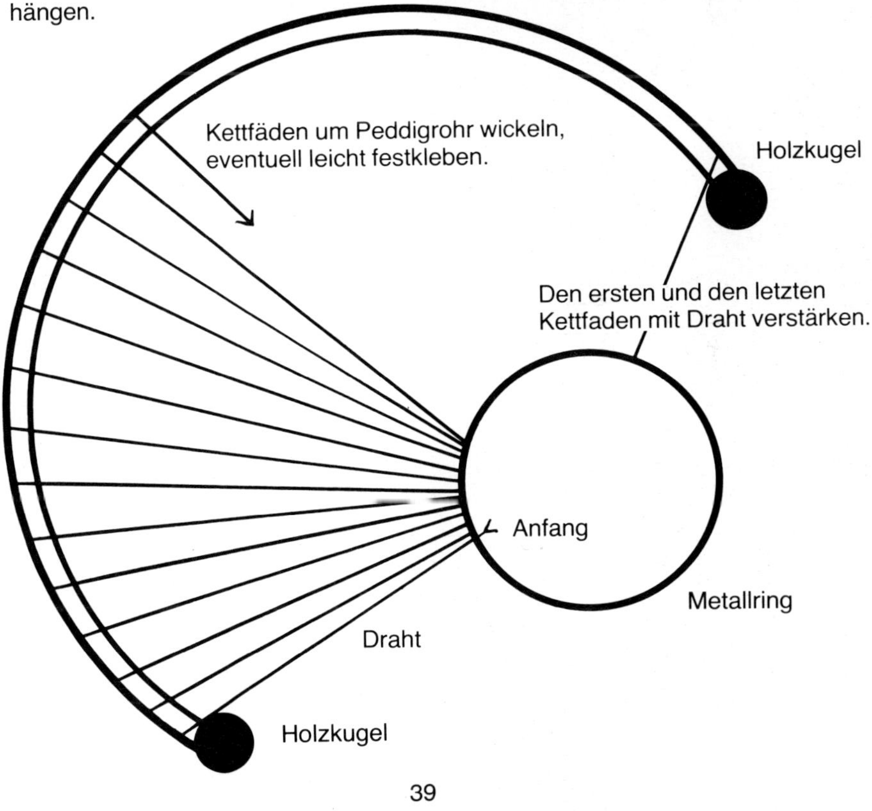

Achteckiges Lämpchen

◀ Material für das Lämpchen:
Lampengestell (unten 20 x 20 cm, 15 cm hoch, 4 kleine, 4 große Felder); Acrylgarn, 3 mm ∅, weiß und orange; 40 Großlochperlen, 1,5 cm ∅.

Das Lampengestell von innen her mit orangefarbenem Garn umwickeln. In den großen Feldern entlang den senkrechten Streben weiße Reihen in Zwirnbindung weben. Je vier Kettfäden miteinander verschlingen, weißen Faden durchziehen und Perlen einfügen. Oberen und unteren Rand weiß umwickeln.

Material für den Wandschmuck: ▶
Metallring, 50 cm ∅;
verschiedene Wollarten, ungefärbt;
Kettfäden: Acrylgarn, 3 mm ∅;
15 hellbraune Keramikoliven, 3,5 cm;
Trockenblumen.

Den Ring zentrisch bespannen und die Zwischenräume am Ring gleichmäßig umwickeln. Einzelne Felder ausweben, dabei die Keramikoliven einarbeiten. Durch Aufschneiden und Verknoten von einigen Kettfäden ungleiche Abstände schaffen. Am unteren Rand des Rings lose Fäden einhängen, fünf Zöpfe flechten und zu einer Quaste zusammenbinden.
Das Trockenblumen-Gesteck über der Quaste befestigen.

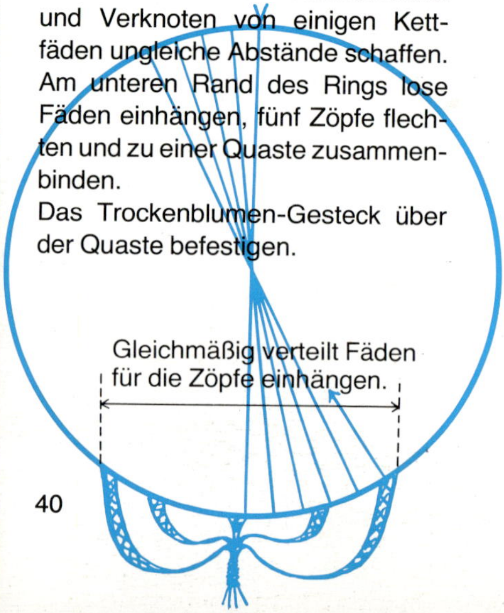

Wandschmuck mit Gesteck

Vogelbild

Den Holzrahmen, 13 x 18 cm groß, im 5-mm-Abstand nageln und mit ungefärbter Baumwolle die Kette spannen.

Zeichnung in Originalgröße unterlegen und zuerst den Vogel, dann den Hintergrund ausweben.

Material:
1 Spiegel, 30 cm ∅;
2 Metallringe (50 cm ∅ und 30 cm ∅);
ca. 228 kleine Holzperlen;
gesponnene Wolle und Acrylgarn in Regenbogenfarben;
dazu passende ungesponnene Wolle.

Beide Reifen wie skizziert umknüpfen: außen (dunkelblau) doppelt so viele Schlaufen wie innen (weiß). Die Kettfäden spannen. In Leinenbindung weben, dabei mit den hellen Farben beginnen und zu den dunklen Farben übergehen.
Wie der Spiegel montiert werden kann, richtet sich nach seinem Rahmen.

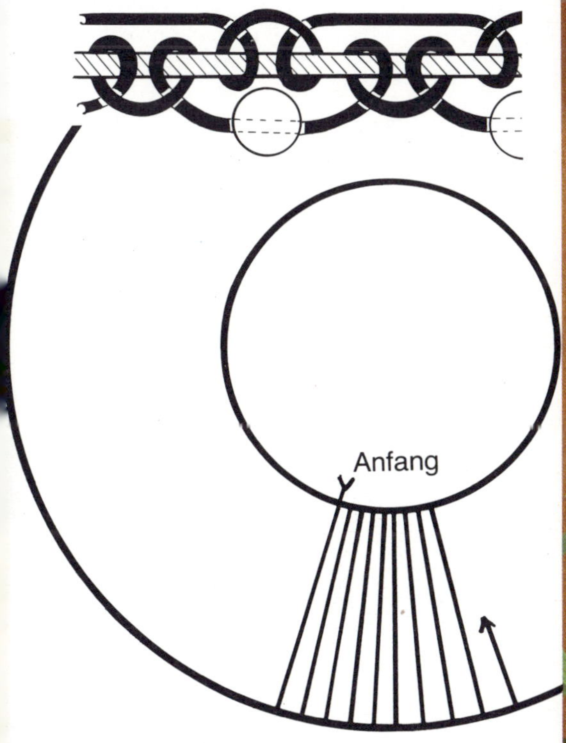

Spiegel

Zweifarbiger Stern

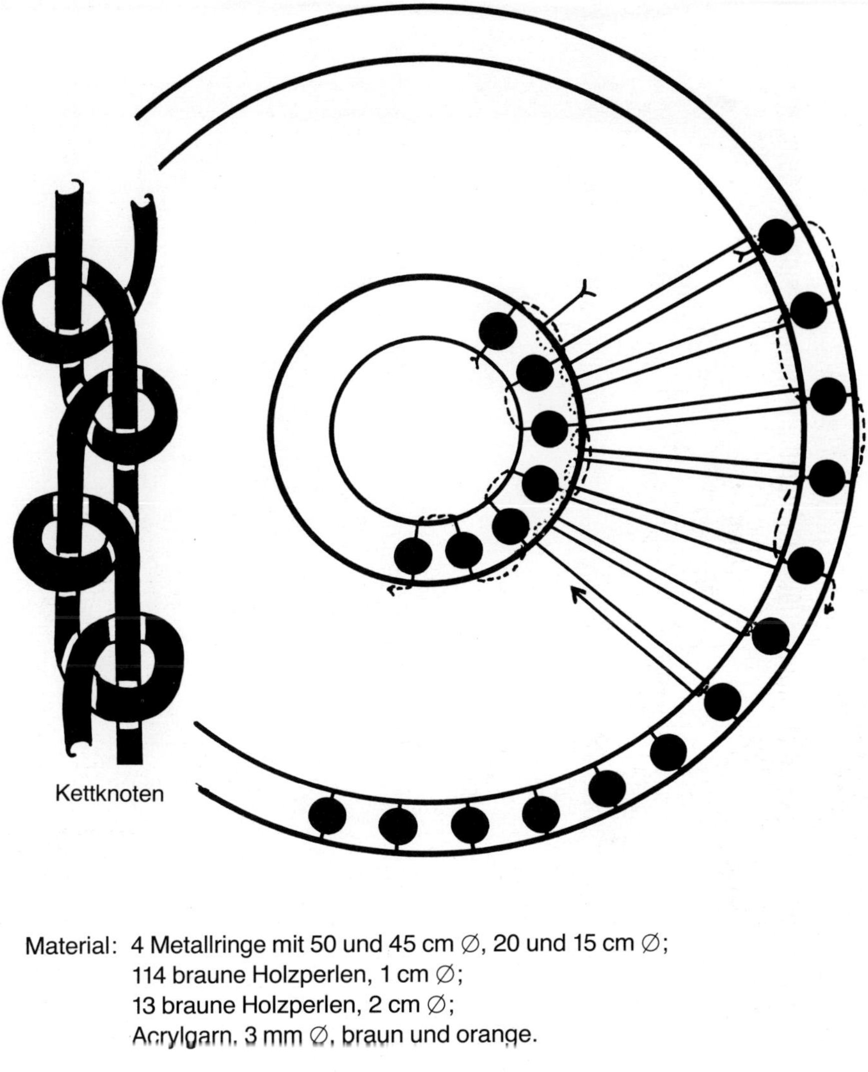

Kettknoten

Material: 4 Metallringe mit 50 und 45 cm ∅, 20 und 15 cm ∅;
114 braune Holzperlen, 1 cm ∅;
13 braune Holzperlen, 2 cm ∅;
Acrylgarn, 3 mm ∅, braun und orange.

Alle Ringe mit einseitigen Schlingenknoten beknüpfen, dabei sollen die Ringe eines Paares jeweils gleich viel Schlaufen haben. Die Perlen, beim abgebildeten Stern außen 78, innen 36, mit einem besonderen Faden nach der Skizze einknüpfen. Ebenfalls nach der Skizze die Kettfäden spannen; ihre Anzahl muß durch 6 teilbar sein. Rundherum immer nach 4 frei gelassenen Kettfäden 2 umweben. Aus je 2 braunen Fäden mit Kettknoten sternförmig die Strahlen knüpfen, dabei die großen Perlen einarbeiten.

Wandschmuck
mit
Glocken

Material: 2 Metallringe, 45 cm ∅;
3 Glocken, wenn möglich in verschiedenen Größen;
ca. 20 Großlochperlen, 2 cm ∅;
Farben der Garne den Farben der Glocken entsprechend;
1 kleiner Holzring.

Dieses Modell soll zeigen, wie aus einem vorgegebenen Schmuck ein harmonischer Wandschmuck entstehen kann. Vorhanden waren die drei Keramikglocken mit ihrem aufgemalten Muster. Die beiden sich überschneidenden Ringe könnten das Schwingen der Glocken symbolisieren. Durch ähnliche Farben und Ausarbeiten des Musters der Glocken im Material des Gewebes wird die Übereinstimmung erzielt.
Die beiden Ringe mit einseitigen Schlingenknoten umknüpfen und nach der Skizze bespannen. Der helle Grund ist in Leinenbindung gewoben, die Randstreifen in Sumak- oder Zwirnbindung; das Muster ist aufgestickt. Für die Aufhängung ca. 10 Fäden durch den kleinen Ring ziehen und mit einem weiteren Faden umwickeln. Nach etwa 40 cm die Ringkombination befestigen, die Glocken einhängen und eine Quaste bilden. Die Fäden mit eingeknoteten Perlen abschließen.

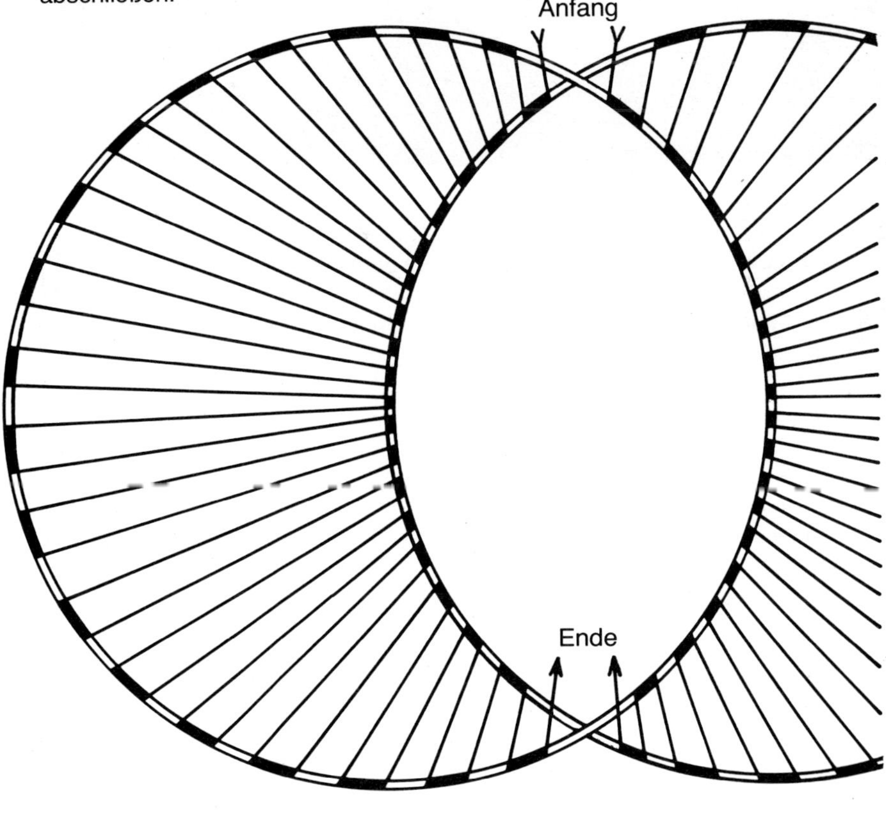

Papierkorb

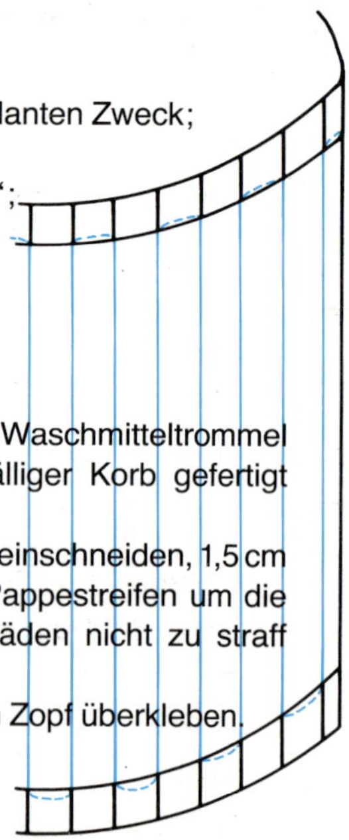

Material: 1 Waschmitteltrommel, Größe nach dem geplanten Zweck;
farbige Wollreste in verschiedenen Stärken;
ungesponnene Wolle o. ä. „zum Schmücken";
Kettfäden: weiße Baumwolle.

Dieses Beispiel soll zeigen, wie aus einer wertlosen Waschmitteltrommel oder einem ähnlichen Verpackungsmaterial ein gefälliger Korb gefertigt werden kann.

Den oberen und den unteren Rand im Abstand von 1 cm einschneiden, 1,5 cm tief. Unten ist das nicht immer möglich: dann einen Pappestreifen um die Trommel kleben und diesen einschneiden. Die Kettfäden nicht zu straff spannen; in Leinenbindung weben.

Die Einschnitte oben und unten mit einem geflochtenen Zopf überkleben.